Эта книга появилась на свет совершенно неожиданно.
Однажды на
на исходе субботы Бар-мицвы моего сына Галя,
мой сын Рон спросил меня: "Папа, в чем
заключается секрет воспитания?"
Вопрос сына застал меня врасплох.
Та суббота была чем-то совершенно особенным -
мы всей семьей провели ее в состоянии особой духовной
гармонии.
Я посмотрел на Рона и увидел его глаза, жаждущие
немедленного ответа,
Тогда я совершенно спонтанно воскликнул:
"В воспитании нет никаких секретов!
Воспитание - это мои ценности. Это наследие отцов.
Это краткий конспект осознаний
всей моей жизни.
Итог моих отношений с самим собой,
с окружением
а затем - с моей женой.
При помощи принципов воспитания я прежде
формировал себя, свой дом, свою семью
и главное – вас, своих детей.

Воспитание — это то, что сопровождает всех нас
во всех сферах   жизни!"

Я закончил свою речь и посмотрел на сына.
На его лице было написано разочарование.
Рон ожидал получить однозначный ответ,
Но не получил его.
Я тоже с того момента потерял покой.
Вопрос сына продолжал вертеться в моей голове.
Тогда я решил начать
записывать советы и мысли из копилки моего личного опыта.
В этой книге я собрал принципы, которые станут прочным
фундаментом
для постройки каждого еврейского дома.

Я назвал их «Ноты для мелодии дома».

Если рассматривать мелодию как инструмент воспитания-
то можно заметить, что она либо приятна для слуха, либо
фальшива.
Всё зависит от музыкантов, которые её исполняют

А самое главное - от дирижера, который руководит
оркестром.

Эти ноты записаны мной, чтобы помочь вам
в создании приятных мелодий.
Мелодий для души, для человека,
для двоих, сейчас и на все времена.
Они основаны на том, что я учил, впитал:
дома, во время учебы, из святых книг и на уроках
раввинов.
Через полтора месяца после упомянутой Бар-мицвы
собирался жениться мой старший сын Ури.
Это радостное событие еще больше усилило мое желание
записать те советы, которые помогают мне в жизни.
Большинство из них я стараюсь воплощать каждый день,
но некоторые пока являются целью,
которую я стремлюсь осуществить, к сожалению, не всегда
с большим успехом.
Иногда я падаю и встаю, терплю неудачи и начинаю все
снова.

Некоторые же вещи я смогу
узнать только лишь в мире ином,
только там я пойму их смысл
и узнаю их тайну.

На протяжение трех недель,
с самого раннего утра и до позднего вечера,
иногда даже просыпаясь посреди ночи,
я записывал десятки советов.
Написание книги проходило
в машине во время остановок на светофорах,
во время лекции в институте,
во время семейных радостей,
во время печалей,
в перерывах   во время молитвы,
на уроках, в которых я участвовал…
Советы текли изнутри непрерывным потоком,
облачаясь в такие точные и ясные формулировки,
как будто чья-то таинственная рука
диктовала мне слова
в "соответствии с текстом", назначенным заранее.

Я благодарю Всевышнего
за то, что Он помогал мне в моей работе
и был со мной на всех ее этапах.
Первое издание этого сборника советов
преподносится моему сыну Ури и невестке Гиле
как подарок в день их свадьбы.
Я уверен, что они и другие читатели добавят
к сборнику еще десяток страниц из своего опыта.
Я очень надеюсь, что эта серия книг поможет
каждому в его духовном росте и
в формировании его семьи

<u>Б-г и вера</u>

*В глазах Б-га и человека
*Что главное – результат или намерение?
*Дорога к Б-гу
*Уверенность
*Несмотря ни на что - старайся и делай
*Преодоление бед и страданий
*Дела Всевышнего

-13-
____

<u>В глазах Б-га и человека</u>

Помни,
что каждый поступок,
который ты совершаешь
или каждое
слово,
которое ты
произносишь,
Кто-то
видит
и слышит.
Есть ли у тебя
что сказать Ему?

*

Старайся понравиться
прежде всего
Б-гу,
а только потом
человеку.

Лучше не
понравиться
людям,
чем не понравиться
Всевышнему -
вот девиз,
который должен направлять тебя
в каждом твоем поступке.

*

Помни, что
Тебя оценивают
на Небесах,
а не только
на земле.

*

Прямой звонок
Б-гу
намного дешевле,
чем обращение
к разного рода
шарлатанам
и "каббалистам".

Два ангела
сопровождают
человека весь день,
с того момента
как он открыл глаза.
Один из них
записывает
его хорошие
поступки,
другой -
плохие.
А когда человек
закрывает глаза
и засыпает,
ангелы все ещё
продолжают писать
отчет.
Они преподносят его
Б-гу
и
Он Один решает,
что делать
с этим материалом.
И поэтому
не отчаивайся...
Только Он решает,
Что будет!

*

«Если бы уста наши
Были полны гимнами,
Как полно море водами.
и слова наши звучали бы
как бурный рокот волн -
всё равно не смогли бы мы
достойно
отблагодарить Тебя...
даже за одно из
многих тысяч благодеяний,
что Ты сотворил
для праотцов наших
и для нас...»

<u>Что главное – результат или намерение?</u>

Люди оценивают тебя
по результатам,
а Б-г видит твое намерение
и твое старание
Только вы с Ним
знаете,
что ты имел в виду
и что
получилось в итоге.

*

Даже сама мысль
о хорошем поступке
достойна награды,
словно он уже
был совершен.
а выйдет ли из этого
что-то хорошее или
что-то плохое -
это уже результат.

<u>Путь к Б-гу</u>

Есть много преград
и заслонов
на пути к Б-гу.
Но тот, кто дойдёт,
Увидит,
что все они
воображаемые.

*

Чистая вера -
вот основа
служению Всевышнему.
Благодаря ей
человек удостаивается
помощи Небес.

*

«Укажи мне, Г-споди,
путь к Тебе»!
Произноси это
каждый день
сосредоточено
и с пониманием,
пока не придешь
к Нему.

*

В жизни еврея
нет ничего
случайного
всё, что происходит -
от Святого, Благословен Он
и под Его личным
наблюдением.

*

Недостаток уверенности
приводит
к полной неуверенности,
излишняя уверенность
ведет к самоуверенности.

*

Чтобы чувствовать
себя в безопасности
человеку недостаточно
наличия в стране
министра безопасности.
Ему нужна также
уверенность во Всевышнем
и упование на Него.

*

Недостаток веры
парализует...
Крепкая вера
Помогает человеку
Двигаться вперед
и действовать.

*

Если есть
уверенность -
всё получается.
если нет
уверенности -
ничего не выйдет.

*

Лишь тот,
кто верит,
преуспевает
лишь тот
кто уверен -
продвигается,
а кто сомневается -
промахивается.

<u>Несмотря ни на что – старайся и делай!</u>

«Если Г-подь не
сбережет города,
напрасно усердствует страж»
однако и ты
не освобожден
от стараний.
Делай всё, что
в твоих силах
и верь, что всё
от Него Благословенного.

*

«Возложи на Господа
бремя твоё
и Он   прокормит тебя»
Заработок зависит
не от работы
и не от работодателя.
Если ты усвоишь это,
твоё материальное
положение
улучшится.

*

<u>Как справиться с бедами и страданиями</u>

«Всё
что ни делается -
всё к лучшему»
Может быть сегодня
ты не понимаешь этого,
но придет день -
и ты поймешь.

*

Научись говорить
«Спасибо»
За все,
Что Всевышний
Дает тебе.

*

Не жалуйся
а говори:
«Слава Б-гу».

*

Всегда
думай о тех
у кого нет и того,
что
есть у тебя.

*

Никогда!
Никогда!
Не упрекай Небеса
так как ты никогда
не сможешь
выстоять
перед ответными
обвинениями.
Смотри, ты предупрежден!
Желаю тебе справиться!

*

Чем скорее
примешь на себя
приговор Небес,
тем больше шансов
что он будет смягчен
вдвое.
На Небесах ждут
именно этого

*

Намек -
вот цель
твоих бед.
Если ты
поймешь его,
уготованное тебе
испытание
будет смягчено,
чтобы
ты смог
выдержать его.

*

Не
открывай
рот Сатану
и не пророчь дурного.
Ведь он будет первым
и единственным,
кто воспримет тебя
всерьез...

*

«Что пользы Тебе
от крови моей,
если сойду я в могилу!
Прославит ли прах Тебя?
Возвестит ли истину Твою?»
Пусть будут эти слова
повторяться твоими устами
день за днем,
час за часом,
когда ложишься,
когда встаешь,
когда едешь.

*

Часто
в самый пик занятости
или в состоянии
чрезмерного напряжения
ты заболеваешь на время.
Одни скажут: «Симулянт»,
Другие еще что-то,
Но мне кажется,
что это дело рук Всевышнего.
Он знает, что если сам
не позаботится о твоем отдыхе,
ты вообще не отдохнешь.

*

Иногда
при помощи
огромного
терпения
и моря слез
можно перевернуть
миры

*

Не
стесняйся
заливать слезами
молитвенник
или талит.
Это самая лучшая стирка,
которая удаляет пятна
всех неприятностей
и грехов.

*

Обращайся
к Б-гу
сразу же,
как почувствуешь,
что тебе больно.
Не дожидайся
очередной молитвы
в синагоге.

*

«Даже
если пройду
долиною тьмы-
не
устрашусь зла,
ибо Ты
со мной.»

*

Каждая
неприятность,
что происходит
с тобой -
от Всевышнего.
Б-г послал
ее тебе.
Твоя задача
попытаться понять,
почему
так произошло?

Деяния Всевышнего

Само слово
«деятельность»
на святом языке
означает
«делай, как Он».
Своими поступками
мы приближаемся
К Б-гу.

*

Не место
создает человека
и не человек
создает место,
однако человек
создает
свое место
работы
и проживание
исключительно
при помощи
Всевышнего, Благословен Он!

*

Никому
не интересно,
как у тебя
дела,
но все ждут,
что тебе станет
интересно,
как дела
у них.
Это тоже
способ
приблизить
к себе
людей
и помочь им
приблизиться
к Владыке Вселенной.

*

Любое творчество,
которое не создается
во Имя Небес
в итоге превращается
в разрушение .

*

На святом языке
успех – «ацлаха»
оно учит нас,
что с двух сторон
мы окружены
поддержкой Небес.
Ты не один!
Если будешь
помнить это –
то
не упадешь.

*

«Мы верующие, сыны верующих
и не на кого нам опереться
кроме как
на Отца нашего
Небесного».

*

<u>**Душа**</u>

Душа всего живого благословит Имя Твое...
Всякий живущий, должен Тебя благословлять.

-33-

<u>Душа всего живого благословит Имя Твое...
Всякий живущий должен Тебя благословлять.</u>

Моменты духовного подъема
довольно редки.
Один из них -
когда в Йом-Кипур
в заключительной молитве
«Неила»
мы поем следующий стих:
«Б-г грозный в своих делах
найди нам прощение
в наших грехах»

*

Что такое
радость?
Это радость души,
уверенной в том,
что она исполнила свое
предназначение
и ее грех прощен.

*

-34-

Грусть -
это
лакмусовая
бумажка
души.

*

Когда
ты радуешься
это означается
что твоя душа довольна.
Когда
ты печален -
это знак,
что ты не оправдал
её ожиданий.

*

Чистота -
это не только
чистое тело
главное-
чистота
души.

*

Нет
одиноких
людей!
Есть пустые души,
которые ничем
не наполнены,
ничем
не интересуются,
души без
творчества
без общения,
без себя самих.

*

В тот день
и час,
когда ты заметишь,
что плачешь
без всякой причины,
знай
что ты дошел
до
исходной точки
своей души,
с которой
можно
только подниматься.

*

<u>Злое начало</u>

Фразы, придуманные злым началом
Ничейная земля и распущенность
Сила злого начала

---39-

Злое начало

Главная работа
всей жизни
человека -
это
преодоление
злого начала,
которое
делает всё,
чтобы десятки раз
свалить тебя.
Ты упадешь...
И встанешь...
Снова упадешь...
И встанешь...
Но конце концов...
Твердо устоишь на ногах.

*

«Семь раз
упадет праведник
и встанет».
И если даже праведник
падает,
то и тебе можно.
Только
не дай
своему падению
победить тебя.

*

Фразы, придуманные злым началом

«Брось это, кто обращает внимание на то, что ты
делаешь…»

«Разве это важно для Б-га...»

«У Него есть более важные дела...»

«Только один раз...»

«Вынужденный нарушить освобожден от наказания...»

«Мудрецы имели в виду совсем другое...»

«Ничего страшного...»

*

И в конце мы...
Привыкаем к этому...
Сохрани себе эти фразы, чтобы узнать их в нужный
момент...

*

Как узнать свое злое начало?

По стилю внутреннего голоса:

«Ну что такого ты сделал?»

«Ничего страшного!»

«Только один раз!»

«Отрывок из Торы не это нарушение имел в виду!»

«Как такое может быть?»

«Это нелогично!»

«Ты ведь уже пробовал так поступать - и ничего страшного
не произошло!»

«На этот раз даже доброе начало согласится!»

«Цель оправдывает средства...»

«Разве я виноват, что...»

*

Намерение
злого начала
заключается в том,
что
после того
как ты закончил
с ним диалог,
и тебе кажется
что этот поступок разрешен,
потом
очень трудно
его исправить,
ведь злое начало
уже готовит
свой новый проект.

*

**Ничейная земля и распущенность
Сила злого начала**

Не позволяй
злому началу
превратить тебя
в животное.
Потом ты будешь
стыдиться самого себя.

*

Когда будешь говорить
с чужими женщинами -
опускай свои глаза.
Я знаю,
что это не современно
и не прогрессивно,
но это единственное
что не изменилось
на протяжение тысяч поколений.
«Нет попечителя для нарушений.»

*

Не случайно
мы каждый день
молимся:
« И не будете вы блуждать,
влекомые сердцем вашим
и глазами вашими.»

*

Будь
осторожен,
когда выбираешь,
на какой сайт
зайти в интернете.
Зайти на него легко-
а выйти сложно:
соблазн велик,
а расплата –
часто ссора,
а в крайних случаях -
гет
в рабануте.

*

Не
подавайся
никаким соблазнам!
Мы все знаем,
как это
начинается,
но не знаем,
как и чем
заканчивается.

*

Есть правило:
«Чем праведнее человек,
тем больше
его злое начало.»
Обычно люди склонны
Относить его
к сфере
нескромного поведения,
но мне кажется,
это правило означает,
что когда человек
растет,
вместе с ним
вырастает
и его злое начало.
И чем выше его положение,
тем крупнее разрушение.
Вот почему многие
великие люди
тоже падают.

У злого начала
есть свойство
плести сеть
как паук паутину:
вначале
линии бегут
по разным направлениям
и только в конце
мы чувствуем сеть
связывающую нас.
Но тогда обычно
уже поздно.

*

-48-

Единственный день
когда
злое начало
работает
не за плату,
а совершенно
добровольно -
это
шаббат -
и в этот день
оно
наслаждается
больше всего.

*

Моральные качества

Злословие.
Гордыня.
Проявит уважение...
Гнев.
Стеснительность.
Скромность.
Кто терпелив, тот не страдает.
Нужно только радоваться.
Постарайся следовать за своим желанием. Сила желания.
Молчание – золото.
Упрямство и гибкость.

Злословие

Когда человек
следит
за чистотой своей речи -
он удостаивается
помощи
Свыше.

*

Если из мелкой
пыли пороха
делают бомбы,
то можно
представить себе
какая
разрушительная сила
содержится
в порошке
злословия.

*

Не сплетничай.

*

Учись
на примере компьютера
как нужно
себя вести:
не забывай
позаботиться
о защите
своего «экрана».

*

Приучи
свой язык
говорить
чисто.

*

Не
говори
о человеке
плохо.

*

-53-

Если ребенок
способен
ходить
с уздечкой (брекетами)
на зубах
двенадцать часов
в течение
полутора лет,
чтобы их
выпрямить,
то он сможет
и следить за тем
что выходит
из его уст.
Для того чтобы
он преуспел в этом,
кто-то
должен установить
ему
эти ограничения.
И если ты
этого не сделаешь,
то никто не сделает это
вместо тебя,
и в итоге
ребенок
вырастет
без рамок.

*

Всё это
возможно
при условии
что и у тебя самого
также
есть ограничения
того, что ты говоришь,
двадцать четыре часа
в сутки.

*

«С устами был
заключён союз»:
будь осторожен
в своих
речах.

*

Чтобы
не
нарушить запрет
злословия,
представляй себе,
что ты постоянно
находишься
в зале суда.
В любом месте
и в любое время
помни,
что каждое
твое слово -
судьбоносно.

*

Представь себе,
что невидимый обвинитель
собирает
все сказанное
тобой,
записывает в протоколы
и подает

их
в наш земной суд.
Ты готов
взять на себя
ответственность
за свои слова?!
Готов взять
ответственность
за судьбы
тех,
которых ты
приговорил
своими
легкомысленными
речами?

*

Публичное
оскорбление
человека
подобно
сжиганию
его на костре.

*

Когда
в разговоре
слова
раскаляются,
существует
опасность,
что вы сожжете
друг друга
дотла.

*

Не разжигайте
печей
и не
торопитесь
с окончательными
выводами.

*

«Оправдывай человека
и суди его к лучшему»
в любого месте
в любое время.
совершенно
незачем
поставлять
взрывчатку
небесным прокурорам.

*

А превыше всего -
доброе
сердце.

*

Высокомерие

Когда тебя
благословляют
или
хвалят -
опусти
глаза
и не дай
словам
наполнить
твое сердце
гордыней.

*

Помните!
Комплименты
опьяняют и
вызывают зависимость!

*

С того
самого дня,
когда ты начнешь
получать удовольствие
от комплиментов,
начнется
твое
падение.

*

Не умножай
своих
ненавистников,
ты даже
не можешь
представить,
какие пути
они
выберут
чтобы
унизить тебя.

*

«Проявит уважение...»

Уважай
каждого человека
независимо от того,
кто он, откуда,
каково его положение
в обществе
и каково его влияние.

*

Уважение
к человеку -
это
уважение
к Б-гу.

*

Есть
Люди,
которые
предпочтут
смерть
унижению
своего
достоинства.
Будьте внимательны
к человеческой
слабости.

*

Уважай и
само уважение тоже.
Если ты
будешь
гнаться за ним,
оно убежит от тебя,
а если ты
будешь убегать
от него,
оно станет
гнаться за тобой

*

Никогда!
Никогда!
Не руководствуйся
соображениями уважения
и престижа.
Это может стать
самым большим
препятствием
для успеха
в твоей жизни.

*

Мысли о почете
сбивают
человека
с его пути,
вызывают ненависть
окружающих,
и мешают ему
идти по
верному пути,
который
он выбрал.

*

Гнев

Прежде всего
успокойся!!!
А затем вспомни, что
«Спокойный ответ
погасит ярость...»

*

По мишеням...гнев...огонь!!!...

*

Когда
человек-אִישׁ
сердится
он порождает
огонь-אֵשׁ -
Ведь тогда
исчезает
буква **«йуд»** -**«יׁ»** -
символ Имени Всевышнего.
Когда человек сердится,
Б-г скрывается от него.

*

Прежде, чем
открывать
огонь,
стоит вспомнить
четкую инструкцию?
как действовать:
прежде всего
надо
определить
цель
и направлять огонь
исключительно
на неё.

*

Нужно
направить ствол
оружия
в середину
мушки
и тщательно
прицеливаться.
*

Нужно собраться
сделать
глубокий вдох,
о…ч…е…н…ь   м…е…д…л…е…н…н…о
взвести курок -
и только потом
стрелять.

*

Однако так ли
ты реагируешь,
когда сердишься?
Или
может быть,
ты резко стреляешь
во все стороны -
и сначала
выпускаешь
пулю,
а потом
утверждаешь
что не
собирался
этого делать?!
Может быть
твоя реакция
инстинктивная
и непродуманная?

*

Единственный
способ
справиться со
вспышкой гнева -
просто не
начинать
гневаться.

*

Держись подальше
от гнева,
ведь
из него выходит
смертельный
яд.

*

-68-

Обычно люди
вымещают
свой гнев
не
на
том человеке...
Он виноват
лишь в том,
что попался
тебе
на дороге
не вовремя.

*

Приучи
себя
владеть
собой!

*

Иногда
Просто
невозможно
сдержаться...
Мы не
владеем собой:
лицо краснеет,
голос повышается,
голова
начинает кружиться,
сердце стучит,
колени дрожат,
губы трясутся
и вспыхивает ярость.
Тогда нам
требуется помощь,
причем часто
реанимация...
Разве не жаль?!

*

Смущение

Стыд -
это
очень важное
качество!

*

Некоторые видят
в стыде
замкнутость!
Другие
считают его
психологической
проблемой!
В наше время
это качество
является редким,
так как в нём
скрывается
большая ценность.

*

«А тот, кто стесняется,
не сможет научиться»

*

У еврейского
народа
смущение
является
врожденным качеством,
помогающим разобраться,
кто является
потомком
нашего праотца Авраама.

*

Не стесняйся
рассказывать товарищам
о своих сомнениях,
проблемах
и трудностях.
Иногда
спасение
приходит
из самого неожиданного
источника.

*

«Благодаря всем учившим меня,
я становился мудрее»

*

Не
стесняйся
задавать
вопросы
или
советоваться.
Что
предпочтительней:
стесняться
или
ошибиться?

*

В нашей жизни
нам разрешено
ошибаться.
На ошибках
учатся.

*

Скромность

Величие
человека
измеряется
принижением им
своей сущности.
Часто
Всевышний
напоминает
нам об этом,
когда Он выбирает
скромных людей
на высокие
должности

.

*

«Веди себя скромно
пред
Б-гом»
Не будь
явным праведником,
будь
скрытым праведником.

*

**Тот, у кого есть терпение,
не будет страдать**

Недостаток
терпения -
это первое
предупреждение
перед
тем, как
все рухнет.

*

На святом языке
«савланут» - «терпение»
происходит
от слова «севель» - «страдание»,
однако в конце концов
это себя
оправдывает.

*

Тот кто сеет
осенью,
пожинает
весной.

*

«Тот
кто трудился
накануне шаббата,
будет есть
в шаббат»

*

Отвечай
терпеливо,
приветливо
и вежливо
тем, кто имеет
противоположное тебе
мнение.

*

Будь веселым

На радостные события
Приходят,
чтобы
разделить
радость,
а не только
поесть
и поговорить.

*

Никакая
радость
не может
быть
полной
до тех пор,
пока
не отстроен
Третий Храм.
Этот мир
несовершенен
И нам нужно
нужно продолжать
работать
над его исправлением.

*

Если
во время
«танца заповеди»
потекут у тебя
слезы
или ты почувствуешь
комок в горле -
знай
что душа твоя
в этот момент
возвысилась.

*

Тот
кто веселит других -
веселится сам.

*

Не зря
говорят:
«Тот, кто не
Любит подарки,
будет
долго жить

*

**Следуй за своим желанием.
Сила желания.**

Нет
ничего невозможного!
Всё зависит от желания
и от количества попыток
и неудач,
которые ты готов
выдержать
пока не преуспеешь.

*

Есть желание,
а есть реальность!
Постарайся
осуществить
желаемое,
не поддаваясь
рамкам реальности
и не дать им
оторвать тебя
от исполнения желания.

*

Всё
что ты
делаешь -
делай как
можно лучше!
Стремись
отличиться
во всех
сферах!

*

«Ничего не
устоит
перед
желанием!»

*

Лучше
не обещать
и не
выполнить,
чем пообещать
и не сделать.

*

Есть ли у тебя
время
на совершение того
или иного действия,
часто зависит
исключительно
от твоего желания
или нежелания
его совершать.

*

На самом деле,
нет вещей,
которые
человек
не может понять,
но есть много
вещей,
которые он
не хочет понять.

*

Молчание – золото

«Береги
язык свой от зла
и уста свои-
от лживых слов,
беги от зла
и делай добро,
ищи мира
и стремись к нему».

*

«Ограда мудрости-молчание»

*

Чем меньше
ты говоришь,
тем меньше
вероятности,
что ты скажешь
глупость.
Само это уже
может считаться
мудростью.

*

Пока ты молчишь,
твой мозг должен
интенсивно работать.
Только после того,
как ты все взвесил
и тщательно обдумал-
произнеси это вслух.

*

Если тебе
нечего
сказать
в компании,
лучше
помолчать-
это гораздо большее
проявление уважения,
чем просто
заполнять время
собеседников
пустыми разговорами.
Все неприятности
в обществе
происходят из-за
пустых разговоров.

*

Говори
коротко
и по делу...

*

Говори немного,
думай
постоянно,
делай много.

*

Старайся
не утратить
своё «я».

*

**Об упрямстве и гибкости
Упрямство подобно западне**

Единственное
преимущество
упрямства -
что в его
отсутствии
много пользы.

*

Упрямство
подобно
минному полю.
Часто оно
является причиной
всех болезней.

*

Преимущество
гибкости
заключается в том,
что всегда
можно возвратиться
к исходной точке.
Она подобна
временно
натянутой
резинке,
которую всегда
можно отпустить
обратно.

*

Иногда
излишняя гибкость
может привести
к тому, что
в конце концов
человек
потеряет свою
внутреннюю силу.

*

Есть
Вещи,
насчет которых
невыгодно
спорить.

*

Страх – «пахад»
на святом
языке может
быть растолковано
как два слова:
«ловушка» и «Всевышний».
Если то
веришь в Него,
то не попадешь
в ловушку.

*

Кто
боится
действовать,
в итоге ничего
не делает.

*

Тот
кто не
боится
действовать,
действует
все время.

*

-88-

<u>Что требуется от человека</u>

Если
бы человек
целый год
чувствовал то,
что он
чувствует
в Йом-Кипур,
то в Йом-Кипуре
не было бы
нужды

.

*

-89-

Не
позволяй
грусти
овладеть тобой.
Не давай
отчаянию
заставить тебя
опустить руки.

*

Не
демонстрируй
свои
недостатки .
Другие
сделают это
лучше
тебя.

*

Старайся
постоянно
хвалить других.

*

Всегда
старайся
выглядеть
солидным.
Помни,
твой внешний вид-
это твоя
визитная карточка.

*

Не
ослепляйся
ослепительным
и внушительным
внешним видом
человека.
Вероятно,
ему есть,
что скрывать.

*

Учись
быстро
прощать!
Не мсти
и не держи зла!

*

Те, кто используют
спецэффекты,
чтобы показать
себя в лучшем свете,
хотят отвлечь
тебя
от главного
или от истинного.
Не позволь этому
ослепить тебя.

*

Не
позволяй
плохому
повлиять
на твое настроение!

*

Твой
успех
вызывает у других
зависть...
Старайся
не кичиться
своей удачей!

*

Людям трудно
Радоваться
удаче другого!
Не принимай это
близко к сердцу!
Если ты будешь
об этом помнить -
тебе станет
легче!

*

Не выделяйся
чрезмерно.
это привлекает
огонь на тебя.
В конце концов
этот огонь
может сжечь тебя!

*

Пройдет
много времени
пока люди
узнают тебя
и твои достоинства.
иногда эти
достоинства
обнаруживаются
уже после того,
как человек
покидает
этот мир...
Не отчаивайся...
Продолжай работать
над этим...

*

Тот, кто
очень старается,
удостаивается того,
что его
хорошие качества
обнаруживаются
еще при жизни.

*

Не будь
легкомысленным
ни в чем...

*

Не опирайся
на «авось»,
иначе
тебе понадобятся
костыли.

*

Не полагайся
на «все будет в порядке».
Данное выражение
не доказало
своей эффективности,
а этот «порядок»
многие люди
продолжают искать
до сих пор.

*

Не
играй
в карты
ради выгоды
и тем более -
ради азарта.

*

Заботься
также
о благополучии
детей и подростков.
Эта поддержка
может стать
для них
просто
судьбоносной.
Иногда ты можешь
стать для них
последним оплотом
и убежищем.

*

Не играй
в азартные игры!

Не
делай себе
поблажек!
Это может
привести
к разочарованиям
в будущем!

*

Не живи
для других.
Живи так,
как тебе удобно
и подходит
самому тебе,
даже если
ты не похож
на других!

*

Проживай
в скромном районе
среди простых людей.
Жизнь с ними
гораздо
менее сложна.

*

Есть люди,
которые выделяются
своими явными
и осознанными странностями,
вызывающими
насмешки и издевательства.
Но есть также люди,
которые выделяются
своим мужеством
и желанием
быть непохожим
на всех остальных.
Со временем
это обязательно оценят.

*

Старайся
быть
среди ведущих,
а не
среди ведомых.

*

Будь
инициативным
в любом
месте!
И в
любое
время!

*

Если столкнёшься
с несправедливостью -
не стой
в стороне!
Реагируй!

*

Начни
исправление мира
с себя...

*

Не дай
толпе
раздавить
одного.
Толпа
не всегда права.

*

Будь
Бдителен
И обращай
внимание на все,
что происходит
в поселении,
где ты проживаешь,
в здании,
где ты находишься,
в конторе,
где ты работаешь,
в доме,
где ты живешь,
в комнате,
где ты спишь.

*

Действуй
во имя правды,
а не во имя
выгоды.
это самая трудная
работа
в жизни,
но если
будешь следовать
этому принципу -
достигнешь
самой высокой
продуктивности.

*

Все
что ты делаешь -
делай с верой.
если есть вера -
все образуется.

*

Иногда
ради сохранения мира
можно не говорить
всей правды.
в этом часто
заключается секрет
хороших отношений
между людьми
и мира в семье.
Только будь осторожен,
чтобы то не превратилось
в постоянную привычку.

*

Требуй
от себя
многого.

*

Не пытайся
воспитать
кого-то
конкретного,
подавай другим
пример.

*

Будь
честен!
Честность
всегда
окупается!

*

Будь
скромен!

*

Не убегай
от самого себя.
Попытайся справиться
И выстоять!
В конце концов
это окупится!

*

-103-

Вычеркни
из своего словарного
запаса
(даже в мыслях)
такие слова
как «отчаяние»,
«ненависть» и
«зависть».

*

Если есть у тебя
что сказать
не храни это в себе!
Пиши в газеты,
выступай
по радио
посылай письма
в министерства!
так воспитаешь
активность
и заинтересованность,
а самое главное -
избавишься
от ощущения своей
слабохарактерности.

*

Тот, кто уступает –
не простак!

*

Трудно
обьяснить это,
но когда мы
щедры
и учтивы,
то чувствуем
духовный
подъем.

*

Будь
щедр сердцем.

*

<u>**Кто ты...**</u>
<u>**Ты знаком с...**</u>

Человек проверяется
в процессе
принятия своих
решений.

в состоянии напряжения
и кризиса
а не только
в спокойные времена,
помни это.

*

Твоя репутация
определяется
тем, что
ты излучаешь.

Если ты излучаешь смирение -
люди воспримут смирение,

если ты излучаешь жизненную силу -
люди воспримут жизненную силу,

если ты излучаешь печаль -
люди воспримут печаль,

если ты излучаешь мощь -
люди воспримут мощь,

если ты излучаешь владение ситуацией -
люди воспримут владение ситуацией,

если ты излучаешь уверенность -
люди воспримут уверенность,

если ты излучаешь радость -
люди воспримут радость,

если ты излучаешь веру -
люди воспримут веру.

Обрати внимание,
по каким каналам
ты можешь
общаться с окружающими
дома, в обществе,
на работе.
Не удовлетворяйся
одним каналом связи,
переключайся
с одного на другой,
приспосабливай себя
всё время -
к каждому месту,
к каждому человеку,
к каждому моменту.

*

Преимущество человека
перед животным -
это разум,
которым он
пользуется
с пониманием
и прямотой.

*

В человеке
присутствуют
также
животные качества,
Однако у животных
есть как
жестокость,
так и положительные качества.
Возьми себе
от животного
только хорошее.

*

Нравственная
чистота
важнее
любой ученой степени.
Если выбирать
между чистотой души
и ученой степенью -
первая
предпочтительнее.

*

Надменность
унизит тебя,

грубость сделает
тебя одиноким,

чувство юмора
приблизит людей к тебе,

критицизм
охладит твоих друзей,

излишний педантизм
отдалит людей от тебя,

приветливость
осветит твое окружение,

теплота твоего сердца
растопит ледники.

*

Не одежда
красит человека,
человек
красит одежду.

*

Прежде
чем ты
выйдешь из дома,
взгляни в зеркало,
посмотри,
как ты выглядишь
в собственных глазах!
Все ли на месте?
Все ли ровно?
Нет ли пятен
на рубашке?
Однако проверяешь ли ты
точно так же
и свой внутренний мир?!
Свою самобытность?!
Проверяешь ли ты ее
каждый день, каждый час?!
Если ты будешь
доволен,
то другие тем более.

*

«Будь среди обиженных,
но не среди обижающих».

*

Не позволяй
грязным
водам гнева
ударить
тебе в голову -
они
спустят
тебя
в сточную
клоаку.

*

Учитесь
слушать!
Часто проблемы
возникают из-за того
что мы не услышали
всего,
что было сказано,
или услышали
только то,
что хотели услышать,
или то,
что думали,
что услышим -
и часто именно
это и становится
причиной ссоры.

*

<u>**Награда и наказание**</u>

Источник наказания
Пути преодоления страданий
О чудесах

*

-115-

«Выполнение заповеди
приводит
к выполнению
следующей заповеди,
а её нарушение -
к еще одному
нарушению».

*

После Йом-Кипура
мы обычно
чувствуем,
была ли принята
наша молитва
Всевышним
или нет.
И обычный
«средний» человек
(не праведник и не злодей),
которому еще
не вынесен
окончательный приговор,
часто
получает его в виде
головной боли
тошноты
рвоты
высокого давления
и различных недомоганий.

*

Источник наказания

Не рассказывай
людям о
своих прегрешениях
и дурных поступках,
ведь никто
не ждет
от тебя
заявления о них.
Кто знает,
может быть
у тебя есть
достаточно
небесных защитников,
зачем же
усложнять им
работу?

*

Теперь
ты понимаешь,
почему
молитва-исповедь,
во время которой
опускают голову-
«нефилат апаим»-
произносится
шепотом
и закрыв лицо.

*

Есть суд
и есть судья!
Так происходит
день за днем,
час за часом.
Ты не сможешь
сбежать
от ответственности
за твои поступки.

*

«Это не
змея
убивает,
это
грех
умертвляет»

*

-118-

А что насчет
маленьких детей,
изучающих Тору?
И младенцев,
которые еще не
узнали вкус
греха?
почему они
умирают?
Я слышал...
что они закончили
свою задачу исправления
на земле
или же их забрали
на небо,
чтобы пробудить
к раскаянию
меня, тебя
и всех нас.
Они расстались
с этим миром,
но мы
не расстались
с необходимостью
самоанализа наших душ.

*

А что насчет тех
праведников,
которых забирают
из этого мира
досрочно?!
«Приговор это
–тайна Всевышнего
и нам невозможно
ее понять »
И приговор этот
прежде всего
выполняет
ангел смерти.
И кто мы вообще
такие,
чтобы понять
и, не дай Б-г,
жаловаться?

*

Говорят
что
«праведников забирают
за грехи поколения».
Так
я читал...
«И их смерть
станет
нашим искуплением»
или может быть
предотвращение
еще большей
трагедии.
Если мы осознаем это,
то может быть
наше поколение
начнет меняться.

*

«А что насчет Катастрофы?!
Почему она произошла?!»
Стоп!!!
Остановись!
«Сбрось обувь с твоих ног»!
Здесь
прекращается
способность нашего разума
принять какое-либо
объяснение той
страшной несправедливости
по отношению
к миллионам людей,
убитых только за то,
что они
были евреями.

*

В тот день
Когда,
с Б-жьей помощью
ты предстанешь
перед небесным
Судом,
разумеется
после ста двадцати
лет,

ты сможешь задать
Всевышнему
вопрос: «Почему?»
Тогда ты
получишь
ответ,
который
удовлетворит тебя.

*

Однако
настоящие
праведники
даже в мыслях
не осмелятся
задавать вопросы
подобного рода -
ни в этом мире,
ни в будущем.

*

«К правде
и к справедливости
стремись!»
Ведь если
не сделаешь этого,
то правда
будет преследовать
тебя.

*

Думал ли
ты сам
почему в иудаизме
слово «нифтар» -
означает не «умер»,
а «избавился»?
Человек
избавляется
от мира
и от его ограничений,
а не мир
избавляется от него!

*

Часто
человек получает то
то совсем не
хочет,
и сталкивается с тем,
чему противится
окажется в тебе
а то, над чем
он смеешься -
приходит
в его дом и в семью.

*

Если на тебя свалились
непредвиденные
денежные убытки,
покопайся
в своих поступках
и ты непременно
отыщешь причину!

*

Пути преодоления
страданий

Приучи себя
при всякой
боли,
кризисе
ущербе,
обиде,
опоздании
ссоре
или неудаче
говорить:
«Пусть будет мне
искуплением грехов!».

*

«Г-споди,
не в гневе Твоем
наказывай меня
и не в ярости Твоей
карай меня».

*

Боль -
это часть наказания.
Радуйся тому,
что тебе
его облегчили.

*

Любое пятно
можно выстирать!
Самая лучшая
стирка -
это
замачивание слезами!

*

И если ты
нуждаешься в
исправлении,
то тебя
кипятят,
выжимают,
дают возможность…
И в конце концов
ты становишься
чистым.

*

Сколько времени
продолжается стирка?
Все зависит
От типа белья:
Белое ли оно,
цветное
или деликатное.

*

«И смеется она
над грядущим днем»
Только тот,
кто уверен,
в своем пути,
в себе,
в своей
внутренней правде,
сможет смеяться
над грядушим
днем.

*

Если ты
получил удар,
Знай -
ты способен
его выдержать:
задействуй тормоза
и твою натренированность.
Само принятие удара
уже является лечением.

*

Не дай
небольшому
падению
уронить тебя
в яму,
из которой
тебе потом
будет трудно
выбраться.

*

Всегда думай
о том,
что могло быть
еще хуже
и спасибо
Всевышнему,
за то что
есть.

*

Иногда
человек
получает удары
только для того
чтобы он увидел,
что его жалобы
не оправданы.
Проблема в том,
что он
когда он
понимает это -
уже
слишком
поздно.

*

О чудесах

«Тот, с кем случается чудо,
не замечает его»
Это факт!
Но ты
попытайся
замечать чудеса
во всем происходящем,
в том, что
касается
лично тебя,
твоей семьи
и народа.
Если ты хочешь,
чтобы с тобой
происходили
чудеса -
не бойся действовать!

*

Чудо
раскрывается
только
тому,
кто верит
в него.

*

Между двух миров

С того дня,
как человек
родился,
начинается
отсчет...

*

Никто
не спрашивал
тебя
хочешь ли
ты
явиться в этот
мир
ты явился
не по своей воле
и расстаешься
с этим миром
не по своей воле.
тебя дается
свобода выбора
только в промежутке
между этими двумя
мгновениями.

*

Этот мир
можно
потерять
за одну минуту
глупости,
Будущий мир
можно
обрести
за одну минуту
глупости.
Разница между
этими
двумя минутами -
в намерении.

*

На земле
проверяют
наше тело,
на Небесах-
нашу душу.
Об этом сказано:
«Я, Б-г,
проверяю сердце
и исследую почки».

*

Если в нашем
современном мире
существует возможность
снимать видео,
проводить
ультразвуковое
исследование
и использовать
ядерный резонанс,
то можно
представить себе,
какие уникальные
технологии
существуют на Небесах,
для того,
чтобы проверить человека.
Стоит об этом
задуматься -
и не грешить.

*

Представь
себя
в зале просмотра фильмов
Высшего Чертога
Справедливости
На Небесах
где каждому

*

человеку
в назначенное время
показывают
историю его жизни,
На огромном экране
демонстрируют
его хорошие
поступки
и, не дай Б-г, плохие.
Зрителями фильма
являются
его родители и
родственники,
желающие ему
всего хорошего.
Однако там
присутствуют
также и те люди,
которые пришли
рассчитаться с ним.
Одни
стыдятся увиденного,
другие плачут,
но все

*

конце концов
радуются
той справедливости,
которая
проявляется в конце.

*

Ты
режиссер,
продюсер
и создатель
«фильма своей жизни»
не старайся
получить
премию за
«самый лучший фильм»,
ведь ее смогут
присудить тебе
только в год твоей смерти!

*

Не позволяй
чтобы тебя называли
«праведник»
ведь тогда
по этому критерию
тебя
будут судить
на Небесах.

*

«Кто не
накладывает
тфилин,
у того нет
доли
в Будущем мире»
говорили
наши
благословенной памяти
мудрецы.
Так стоит ли
рисковать?...

*

«Каждому кто повторяет
законы каждый день
обещан
будущий мир»
Обрати внимание:
это не окончательное
обещание!
Сказано:
«Обещано ему!»
Выполнение обещания
обусловлено
человеком
и его поступками,
а не самим
фактом обещания!

*

«Что
пользы
в крови моей,
если сойду
в могилу!
Прославит ли прах
Тебя?
Возвестит ли
истину твою?»
Это будет
принято
небесами,
если ты действительно
примешь
это на себя.

*

Если будешь
стараться,
то добьешься!

*

Что касается
всех устрожений
и чрезмерных преувеличений,
которые человек
берет на себя
относительно
религиозных запретов,
когда он окажется
в мире правды,
Всевышний Благословенный
обнимет его
и скажет:
«Молодец, сын мой,
что устрожался,
что сидел
в субботу в темноте...
не открывал воду,
не делал...
Но Я не это имел в виду...»

*

Одни
наслаждаются
в этом
мире,
другие
живут
в мире
будущем
так написано
в наших святых книгах.

*

Не
верь только
в общепринятое.
Поддерживай себя
при помощи веры.

*

-142-

**Знай куда ты идешь...
Отношение к смерти**

Не бойся
смерти.
Настоящая
жизнь
начинается
только после
нее.

*

Когда,
как и все,
с Б-жьей помощью
ты прибудешь
в иной мир,
к Самом Всевышнему,
ты сможешь
поспорить о многом,
но уже
ничего не сможешь
изменить,
ведь там будет
твое окончательное место.
Разве не жаль?!

*

Бойся
справедливого суда,
и опасайся
того отчета,
который ты должен
будешь
предоставить
обо всем
что сделал.

*

Тот, кто чувствует
себя правым,
не боится
идти в суд.

*

Несмотря на
вышесказанное,
чувствуй себя так,
словно ты
наполовину прав
и наполовину виноват -
и веди себя так
до своего
последнего дня.

*

«Что будет с нами
в день суда?»,
если ты начнешь
задумываться
о смысле
этих слов,
то станешь
более
чистым
и правильным
человеком

.

*

«Не бойся,
когда богатеет человек...
Ибо умирая,
не возьмет он
с собой ничего,
и не пойдет
за ним
богатство его».

*

В последний путь

Человек рождается
со сжатыми кулаками
и уходит
в последний путь

с раскрытыми ладонями -
и в этом заключается
вся наша
человеческая суть:
мы рождаемся скупыми
и умираем щедрыми.
Неужели?

*

Обрати внимание
также
на последнюю дорогу
человека:
голова вперед
а не ноги,
в этом намек
что человек
ответственен за свои дела
а не его злое начало.

*

То, что важно
на земле,
не обязательно
является
важным
на Небесах:
на самом деле,
все наоборот.

*

В этом мире
нет абсолютной
справедливости,
она существует
только лишь
в мире ином.

*

В конце концов
мы все
прибываем
в один и тот же
конечный пункт
назначения...
и все получаем
одинаковые места...
с одинаковым
видом из окна...

*

Вывеска
на
кладбище
в Герцлии:
размер памятника:
длина-1м70 см,
включая облицовку
ширина-75 см,
включая облицовку,
высота-1 метр от основания.
Помните – все в итоге
получают
одинаковые наделы.

*

**Проводы умершего-
путешествие в свой внутренний мир.
Законы утешения скорбящих.**

Не избегай
ходить на похороны,
это
истинное милосердие,
ведь оно не предполагает
никакой награды,
однако оно имеет
свой бонус:
дает нам
возможность
проверить
собственную душу.

*

Во время каждых
похорон
ты чувствуешь себя
как в свой
малый
Йом-Кипур.

*

Не бери
маленьких детей
на кладбище,
возьми их
в дом скорбящего,
чтобы его
утешить.

*

В доме
скорбящего
принизь свой дух
и опусти
свой взгляд.

*

Если
тебя не спросили
и к тебе не обратились -
не говори.
Иногда именно
молчание
способно
залечить боль.

*

Цель
утешения
скорбящего,
помимо исполнения
заповеди,
состоит
также
в самоанализе человека,
пришедшего утешить.
*

Говори
об умершем,
о его делах,
личности,
исключительности.

*

Если ты не можешь
придти
утешить скорбящего,
позвони по телефону
или напиши письмо.

*

Спроси
у пришедших утешить,
есть ли у них,
что есть у них,
что
еще рассказать
об умершем,
иногда
полчаса в доме
скорбящего
могут повлиять
на человека
больше
множества часов
воспитания
и уроков морали,
которые не
сумели
проникнуть внутрь.

*

__Правда и ложь__

Цена лжи

Правда и мораль

Самая
убедительная
ложь -
это
правда.

*

Цена лжи

То что
попытаешься
получить нечестно,
потеряешь
с сожалением.

*

Не
пытайся
сократить дороги,
во слове «сокращение»
скрыто слово
«конец»...

*

Никогда
не
обманывай!
это
невыгодно.

*

Не
увлекайся
законным обманом,
в конце концов
ты запутаешься
и не сможешь
отличить
белую ложь
от
черной лжи.

*

Мошенничество -
это
прежде всего
обман самого себя.
Однажды
ты обнаружишь это.

*

Не
позволяй
лести и сладким речам
ввести тебя
в заблуждение.

*

Чтобы
почувствовать
подлинный вкус
жизни,
сократи
пользование
всеми
искусственными
средствами информации
как телевизор
радио
газеты
и тому подобное,
которые пытаются
увести
тебя
от жизни.

*

Правда и мораль

Люди
не любят
выслушивать
правду
в лицо.

*

Правду,
касающаяся лично тебя
стоит хранить в тайне,
но мораль,
касающуюся большинства,
стоит
обнародовать
во весь голос.
Кто знает,
может быть ты
станешь тем юношей,
который закроет
брешь в плотине.

*

Всегда
проверяй
направление
твоего
личного компаса.
Следи за тем,
не свернул
ли ты с дороги,
и всегда
исправляй
маршрут, если нужно.

*

Изучение Торы

Главное и что второстепенное

-159-

*

Главное и второстепенное

После каждых шести дней
работы
мы отдыхаем в шаббат,
каждый год
в Йом-Кипур
мы останавливаемся,
раз в семь лет
целый год
отдыхает земля,
раз в пятьдесят лет -
юбилейный год,
все остальные указания
читай подробно
в Торе
и в наших святых книгах.

*

Каждая машина
требует ухода
в соответствии
с инструкцией
ее производителя!
Тора является
инструкцией
по эксплуатации
нашим человеческим
механизмом!

*

Я всегда
спрашивал себя,
каков смысл
следующего поучения:
«Только тот свободен,
кто занят изучением Торы».
Как же так?
«Ведь изучение Торы
изнуряет человека».
Где же свобода?
Более того,
Всевышний обязывает нас
«И размышляй о Торе
днем и ночью»
Разве это
не настоящее рабство?
Ответ заключается В следующем:
в данном случае ты
раб Всевышнего,
а не раб человека.

*

Владыка мира
предоставляет тебе выбор:
быть материальным
человеком или духовным,
и в этом выборе
заключается
истинная свобода.

*

Кто является
свободным человеком?
Тот, кто делает
то, что он любит,
когда хочет
и где хочет.
Когда все зависит
только от самого
человека-
это и есть
истинная свобода.

*

Знаешь ли ты
служащего или
бизнесмена,
который мог бы
позволить себе
такое?

*

«Велико благополучие
для любящих
Твою Тору
и нет у них препятствий».
Всевышний заботится
о том,
чтобы у любящих
Его Тору
не было
никаких
препятствий.

*

<u>**Найди себе наставника**</u>

Станция техобслуживания транспорта

-165-

Станция техобслуживания транспорта

Только немногие
люди
чинят машину
сами,
большинство
тщательно выбирают
механика.
А в чьи руки
ты
вручаешь
машину
своей
души?
Найди себе
Раввина -
наилучшего механика,
и тогда
твоя поездка
всегда будет
безопасной.

*

Благословения
раввинов
действуют
только
для тех,
кто в них
верит

*

«Вступать в конфликт»
с раввинами -
значит
играть с огнем.
не сходи
с верного пути
и не зажигай
эти спички.

*

Если ты
не получил
ответ от раввина -
это тоже ответ,
постарайся
понять его
и сделать вывод.

*

Относись
к раввинам
предельно
уважительно,
никогда
не говори о них
с осуждением,
даже если
ты
не согласен
с их направлением
или
поступками.

*

Постарайся
найти
себе
раввина,
к которому ты
почувствуешь
душевную
близость
и которому доверяешь,
как к отцу.

*

Если праведник
не берет денег
и убегает от почета
и власти -
его праведность
говорит
сама за себя.

*

Автор- Амнон Хевер

Переводчик- Эстер Кройзер

characters- 31984